재미있는 미로찾기도 하고! 하나님 말씀도 배우고!

미로찾기 성경

2단계 구약 B

김선정 글 김종석 그림

겨자씨

골리앗을 이긴 다윗

블레셋 군대가 쳐들어왔어요.
블레셋 군대의 거인 대장 골리앗이 하나님을 마구 욕했어요.
"이 겁쟁이들아! 너희 하나님은 힘도 없구나!"

그러자 어린 다윗이 물매와 돌멩이를 들고 나갔어요.
"하나님을 함부로 욕하다니, 용서할 수 없다!"
골리앗은 다윗이 물매로 던진 돌멩이에 이마 한가운데를 맞고
땅에 쓰러졌어요.
어린 아이가 거인 대장을 이겼답니다.

왕이 된 다윗

골리앗을 이긴 다윗은 자라서 이스라엘의 왕이 되었어요.
하나님을 잘 믿은 다윗은
큰 나라를 다스리는 훌륭한 왕이 되었어요.

다윗 왕은 하나님 말씀대로 나라를 잘 다스렸어요.
하나님도 다윗 왕을 사랑하셨지요.
다윗 왕은 많은 시를 써서 하나님을 찬양했어요.
성경 시편에 나와 있지요.
하나님은 다윗 왕에게 큰 복을 내려 주셨답니다.

지혜로운 왕 솔로몬

솔로몬 왕의 꿈속에서 하나님이 물으셨어요.
“네 소원이 무엇이냐? 무엇이든 들어주겠다.”
솔로몬 왕이 대답했어요.

"백성을 잘 다스릴 수 있는 지혜를 주세요."
하나님은 무척 기쁘셨어요.
"오냐, 내가 네게 지혜를 주겠다."
솔로몬은 세상에서 가장 지혜로운 사람이 되었어요.
솔로몬 왕은 하나님이 주신 지혜로 백성을 잘 이끌었답니다.

까마귀가 가져온 음식

나쁜 왕이 하나님의 사람 엘리야를 죽이려고 했어요.
하나님이 엘리야에게 말씀하셨어요.
"아무도 없는 곳에 가서 숨어 있어라."

엘리야는 하나님 말씀대로 왕을 피해 도망갔어요.
그 때 까마귀가 빵과 고기를 물고 날아왔어요.
엘리야는 까마귀가 가져온 빵과 고기를 맛있게 먹었어요.
까마귀는 날마다 빵과 고기를 가져다 주었어요.
하나님이 보내 주신 것이랍니다.

병을 고친 나아만 장군

나아만 장군이 무서운 병에 걸렸어요.
엘리사 선지자가 나아만 장군에게 말했어요.
"요단 강에 가서 몸을 일곱 번 씻으세요. 그러면 나을 거예요."

나아만 장군은 엘리사의 말대로 강물에 몸을 일곱 번 씻었어요.
그런데 이게 웬일이에요?
장군의 병든 피부가 깨끗해졌어요.
"나는 이제부터 하나님을 잘 섬기겠습니다."
나아만 장군은 하나님을 믿게 되었답니다.

물고기 뱃속에서 기도한 요나

요나는 하나님 말씀을 따르고 싶지 않았어요.
그래서 다른 곳으로 가는 배를 탔어요.
그러자 하나님이 바다에 폭풍을 보내셨어요.

"나 때문이에요. 나를 바다에 던지면 폭풍이 멈출 거예요."
사람들이 요나 말을 듣고 그를 바다에 던졌어요.
그러자 큰 물고기가 나타나 요나를 꿀꺽 삼켰어요.
"하나님, 제가 잘못했어요. 용서해 주세요."
요나가 물고기 뱃속에서 기도하자, 물고기는 요나를 뱉어냈답니다.

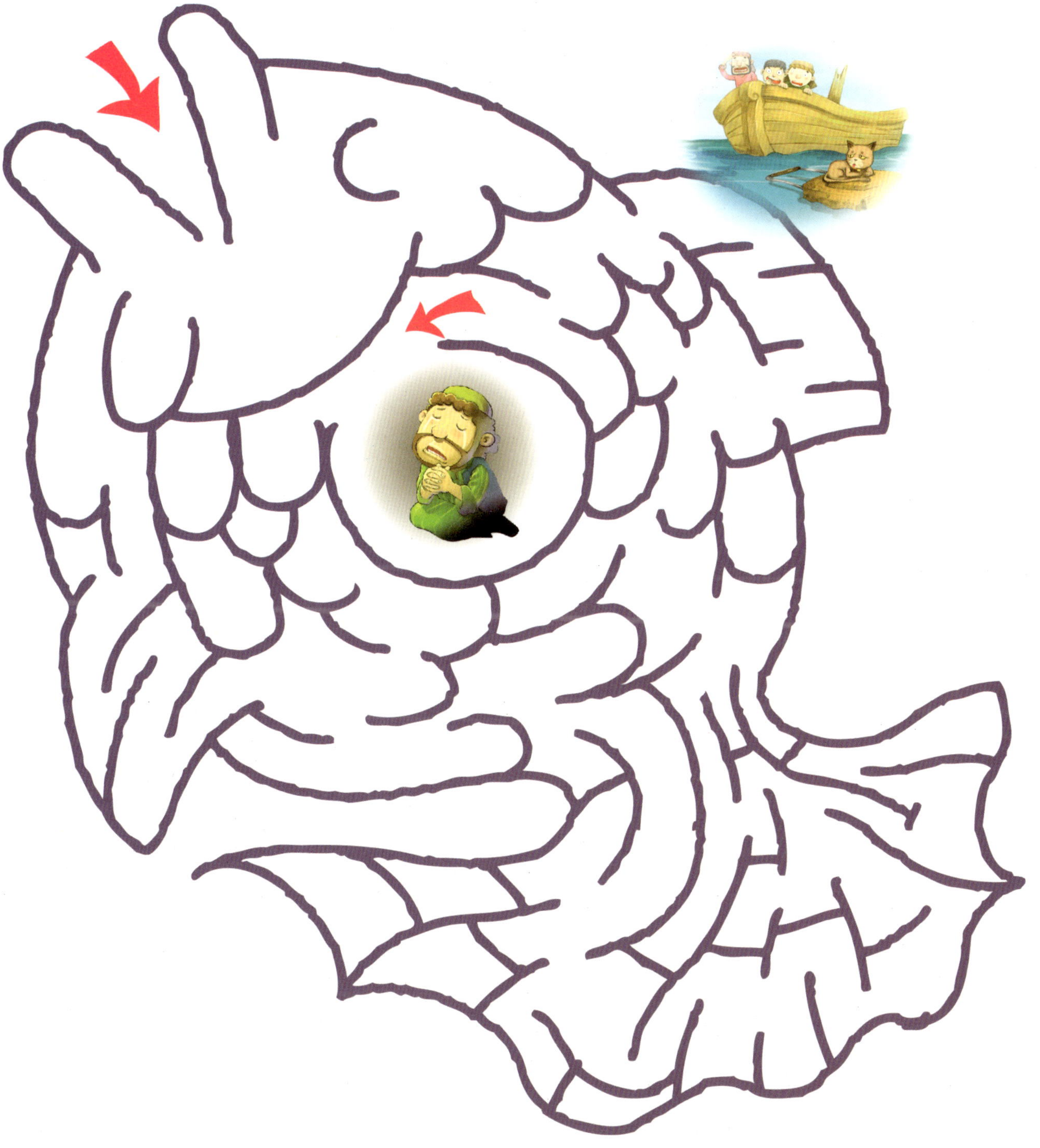

기도를 들으신 하나님

히스기야 왕은 하나님을 믿는 왕이었어요.
그런데 그만 병이 들어 죽게 되었어요.
왕은 울면서 기도했어요.

"하나님, 저를 살려 주세요."
하나님은 왕의 눈물을 보셨어요. 왕의 기도를 들으셨지요.
하나님은 선지자를 보내 왕에게 말씀하셨어요.
"하나님이 왕의 병을 낫게 해 주시겠답니다."
히스기야 왕은 15년 더 살았답니다.

성경책을 찾은 왕

요시야 왕이 성전을 고치다가
모세가 쓴 성경책을 발견했어요.
성경을 읽은 왕은 눈물을 흘렸어요.

"하나님이 우리를 지금까지 인도하셨구나!"
왕은 사람들에게 성경책을 읽어 주었어요.
그러고는 큰 소리로 명령했어요.
"성전을 깨끗하게 하고 하나님 말씀을 잘 지켜라."
하나님은 무척 기뻐셨지요.

다니엘의 세 친구

바벨론 왕이 금으로 큰 신상을 만든 뒤 말했어요.
"모두 이 신상에 절을 하라."
하지만 다니엘의 세 친구는 절을 하지 않았어요.

하나님이 아닌 다른 것에 절을 할 수는 없었지요.
화가 난 왕은 세 친구를 불 속에 던졌어요.
그러나 세 친구는 조금도 타지 않았어요.
하나님이 지켜 주셨거든요.
바벨론 왕도 살아 계신 하나님을 알게 되었답니다.

사자 굴 속에서 살아난 다니엘

다리오 왕이 명령했어요.
"이제부터 기도를 하는 사람은 사자 굴에 넣겠다."
그래도 다니엘은 매일 기도했어요.

다니엘은 사자 굴에 던져졌지요.
하지만 하나님이 사자들의 입을 막으셨어요.
깜짝 놀란 왕이 말했어요.
"이제부터 모든 사람은 하나님을 믿어라!"
왕은 다니엘에게 높은 자리를 주었답니다.

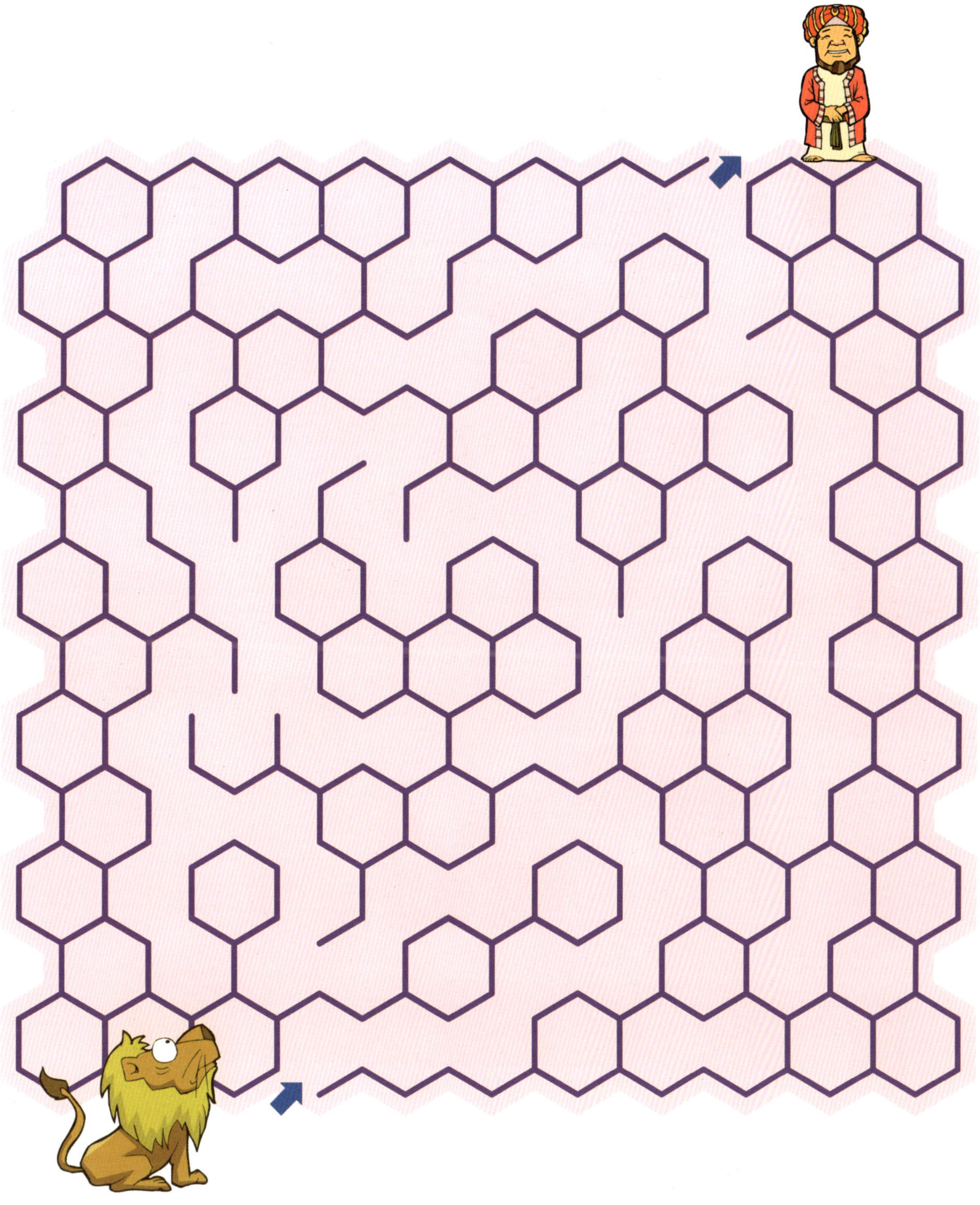

민족을 구한 에스더

나쁜 사람이 유다 민족을 모두 죽이려고 했어요.
그 나라에는 왕이 부르지도 않았는데 왕을 찾아가면
죽음을 당하게 되는 법이 있었어요.

하지만 에스더 왕비는 용기를 내어 왕을 찾아갔어요.
하나님이 왕에게 왕비를 사랑하는 마음을 주셨어요.
"왕비, 무슨 부탁이든 들어주겠소."
"저희 유다 민족을 살려 주세요."
왕은 나쁜 사람을 벌 주고 유다 민족을 구해 주었답니다.

큰 복을 받은 욥

욥은 가진 것을 모두 잃고 병이 들었어요.
하지만 욥은 하나님을 원망하지 않았어요.
하나님은 기뻐하시며 욥에게 더 큰 복을 내려 주셨어요.